MÉMOIRE

PRÉSENTÉ

A L'ASSEMBLÉE NATIONALE,

Par les Habitans des Iles de France et de Bourbon, actuellement à Paris.

MESSIEURS,

LES Habitans Soussignés des Iles de France et de Bourbon, résidens actuellement à Paris, ayant eu connoissance d'un mémoire lu à l'Assemblée Nationale le 15 octobre dernier, par M. Louis Monneron Député de Pondichéry, croient devoir réfuter des assertions qui s'y trouvent, qui leur paroissent erronées, et qui

A

pourroient influer sur vos Décrets, relativement aux Iles de France et de Bourbon. Ce n'est pas qu'ils ne rendent justice au patriotisme et aux talens de M. Louis Monneron, dont la réputation est faite depuis long-temps dans les Indes Orientales ; mais ce bon citoyen paroît avoir adopté des préjugés et des erreurs qui pourroient tourner au détriment de la chose publique, s'ils influoient sur l'opinion de l'Assemblée Nationale. Nous sommes très-touchés de nous trouver en contradiction avec les Habitans de Pondichéry, nous qui avons été les premiers à plaider leur cause auprès de l'Assemblée Nationale, en demandant la conservation de cette place importante ; nous qui sentons que nous avons des intérêts communs qui auroient dû nous rapprocher et nous tenir constamment unis.

Dans l'absence des Députés des Iles de France et de Bourbon, qui sont annoncés, et qui arriveront incessamment, nous croyons devoir céder au patriotisme qui nous inspire, pour éclairer l'Assemblée Nationale sur les rapports politiques et commerciaux de ces Iles, et pour réfuter des assertions qui tendent à les dépriser.

M. Monneron, dans son mémoire lu à l'Assemblée Nationale le 15 octobre 1790, s'exprime ainsi : » Il est » question maintenant de prouver que l'évacuation » de Pondichéry entraîne nécessairement la perte de » l'Ile de France, ou la réduit à n'être d'aucune utilité » pour la Nation. Je n'ai pas, pour cette dernière » hypothèse, une meilleure autorité que celle de » M. de Souillac. Voici ce que dit cet ex-gouverneur:

« *J'ai vu avec douleur le parti d'abandonner Pondichéry*
» *et nos liaisons dans l'Inde ; ce parti, s'il étoit sans*
» *appel, ameneroit nécessairement l'abandon des Iles de*
» *France et de Bourbon, lesquelles ne seroient plus*
» *qu'une charge pour la France, si elles cessoient d'être*
» *une échelle, un intermédiaire entre l'Inde française et*
« *la Métropole.* »

Nous respectons tous les lumières et le patriotisme
de M. de Soüillac, qui a gouverné les Iles de France
et de Bourbon pendant plus de dix ans, avec l'approbation générale ; mais quelque confiance que nous
ayons dans son autorité, quelque poids que nous
pensions qu'elle doive avoir sur l'administration intérieure de ces Iles et sur leurs rapports politiques,
nous représenterons que son opinion et celle de qui
que ce soit ne peuvent pas former une preuve. M. le
Député de Pondichéry s'étoit proposé de prouver que
*l'évacuation de cette place entraînoit nécessairement la
perte de l'Ile de France*, et, n'ayant donné d'autre
preuve de cette conséquence *nécessaire*, que l'autorité
d'un seul homme, nous permettra de lui dire qu'il
n'a apporté aucune preuve ; et nous pensons qu'il
seroit bien embarrassé d'en fournir, s'il vouloit entrer
dans une discussion raisonnée sur ce sujet. Nous pourrions opposer autorité à autorité, si cette manière
de discuter emportoit conviction ; et nous dirions que
le Gouvernement, sous deux Ministres, après avoir
consulté différentes personnes, a pensé que l'évacuation de Pondichéry obligeoit *nécessairement* à consi-
dérer l'Ile de France comme le *réceptacle de nos flottes*

et l'arsenal de nos armes , lorsque nous voudrions porter la guerre dans les extrémités orientales de l'Asie. Ces expressions sont tirées d'un mémoire remis par M. de la Luzerne à l'un des Comités de l'Assemblée Nationale, et sont citées par M. Louis Monneron lui-même, qui les a trouvées *emphatiques* on ne sait pourquoi ; car il a dit la même chose en d'autres termes, dans le mémoire auquel nous répondons.

Que M. de Soüillac , dans le premier moment d'étonnement où l'a jeté la nouvelle de l'évacuation de Pondichéry , ait laissé exhaller toute la douleur qu'il ressentoit d'une mesure aussi fausse et aussi impolitique , et que, par une suite d'un sentiment profond , il ait exagéré les conséquences de cette démarche, nous n'en serions pas surpris , et nous trouverions son excuse dans l'excès d'un zèle bien louable ; mais ramené ensuite à la réflexion, il a dû désavouer des expressions outrées. La lettre qu'il a écrite de sa main à l'un de nous , qui nous a été communiquée , et qui est revêtue de sa signature , en fournit la preuve. Nous croyons devoir la transcrire ici.

A Brest , le 12 novembre 1790.

» Je ne me rappelle pas, Monsieur, d'avoir dit que
» si l'on abandonnoit Pondichéry , il falloit en même
» temps abandonner les Iles de France et de Bour-
» bon ; mais je suis assuré de n'avoir jamais avancé
» cette assertion dans aucun mémoire sur nos pos-
» sessions à l'Est du Cap de Bonne-Espérance. Lors-
« qu'en 1785, j'envoyai au Ministre, d'après les ordres

» du Roi, un projet général d'établissement dans
» l'Inde, je proposai de porter à six mille hommes
» les troupes, tant d'infanterie que d'artillerie, des
» colonies orientales, dont quatre mille hommes à
» Pondichéry, et deux mille aux Iles de France et de
» Bourbon. J'ajoutois même que deux mille hommes
» me paroissoient peu considérables pour celles-ci,
» et que ce n'étoit que pour me conformer aux vues
» économiques du Gouvernement, que je n'en deman-
» dois pas davantage, persuadé d'ailleurs que des
» forces navales ajouteroient à ces moyens de défense,
» dès les premières apparences de la guerre, et que
» l'on s'empresseroit à y faire passer des troupes d'Eu-
» rope, tant pour la sûreté de ces possessions pré-
» cieuses, que pour renforcer ensuite et entretenir
» notre petite armée de l'Inde, qui, formant la tête
» de cent mille Indiens que Typou-Sultan auroit
» toujours à notre service, nous donneroit, dans ces
» contrées, une grande supériorité sur nos rivaux,
» malgré leurs vastes possessions, et par cela même
» que leurs possessions sont vastes.

» Dans un mémoire que j'ai communiqué à quel-
» ques personnes il y a peu de temps, et dans lequel
» il n'étoit question que de l'Inde proprement dite,
» et pas du tout des Iles de France et de Bourbon ;
» je dis et je le répète, parce que c'est ma croyance
» intime ; je dis que je considère la détermination
» qu'on a prise d'évacuer Pondichéry, comme celle
» d'abandonner l'Inde. Il n'a pas été question des Iles
» de France et de Bourbon dans ce dernier mémoire,
» parce qu'il ne s'agissoit pas du tout d'elles.

» Si donc, soit dans la conversation, soit dans des
» lettres particulières, j'ai pu avancer, ce dont je ne
» me rappelle pas , que l'abandon de Pondichéry
» entraînoit celui des Iles de France et de Bourbon,
» cela même prouveroit le cas que je fais de celles-ci,
» et la crainte où j'étois que le premier abandon,
» très-impolitique selon moi, n'en entraînât un second,
» bien plus fâcheux encore.

» Je suis fort éloigné de penser, au surplus, que
» l'abandon de Pondichéry soit un motif pour déter-
» miner celui de deux Iles, dont la position unique
» m'a toujours paru faite pour donner à la puissance
» qui les conservera, et qui en saura tirer parti, la
» très-grande prépondérance dans le commerce im-
» mense de toutes les contrées situées dans les mers
» orientales.

» Soyez donc très-persuadé, Monsieur, que, bien-
» loin de penser que nous devions abandonner ces Iles
» précieuses, je suis fermement convaincu que cet
» abandon seroit une des plus grandes fautes politi-
» ques et commerciales que nous puissions faire. »

J'ai l'honneur d'être, etc. *Signé*, SOUILLAC.

M. Louis Monneron veut faire entendre que l'Ile
de France perd toute son importance politique, si
l'on abandonne Pondichéry. Cette opinion mérite d'être
discutée.

» Je demeure d'accord, dit-il (page 18 de son mé-
» moire lu à l'Assemblée Nationale le 15 octobre der-
» nier, ligne huitième), avec l'auteur du mémoire
» (M. de la Luzerne), de l'importance de l'Ile de

» France, et de la nécessité de s'occuper sérieusement
» de sa défense. Cette Ile est le foyer d'où doivent
» partir et où doivent aboutir tous nos mouvemens
» maritimes. Son port offre un asile à nos vaisseaux
» et à nos corsaires, et toutes les ressources pour leur
» carène et leurs radoubs. Je combattrai seulement
» ses assertions sur les succès que l'on doit en attendre
» dans le cas d'une guerre, sans un point d'appui aux
» Indes. »

Quoique le Ministre se soit décidé à ordonner l'évacuation de Pondichéry, sur l'opinion qu'il a adoptée, que les entreprises hostiles pouvoient se préparer à l'Ile de France, et s'opérer dans l'Inde sans la possession de Pondichéry, nous pensons qu'un point d'appui dans l'Inde doit en faciliter le succès. Nous pensons même que cette place doit être regardée comme un poste avancé qui défend nos Iles, et qu'elle doit opérer une diversion favorable à nos entreprises à la Côte Malabarre et dans le Bengale. Il est donc très-politique de conserver Pondichéry, d'achever ses fortifications, de le garnir de troupes en quantité suffisante pour assûrer sa défense, et pour inquiéter les Anglois, dans le cas où ils dégarniroient de troupes la Côte Coromandel; mais nous pensons que personne ne contestera que des forces de terre et de mer, très-supérieures à celles de l'ennemi, ne pussent espérer de succès à la Côte Coromandel, quoique nous n'y eussions pas de point d'appui. La difficulté des entreprises seroit plus grande, nous en convenons; mais elle ne seroit pas insurmontable : ainsi l'Ile de France, qui auroit préparé ce grand armement, conserveroit toujours, dans ce rapport, son importance politique, relativement à la Côte Coromandel.

Si nos entreprises se portent à la Côte Malabarre ou dans le Bengale, le point d'appui que nous aurions à la Côte Coromandel, ne nous serviroit qu'à y retenir quelques troupes angloises nécessaires à la défense de Madrast. Cette considération n'est pas d'un grand poids, puisque nous serions obligés d'entretenir un nombre de troupes plus considérable que les Anglois à Pondichéry, parce que cette ville est beaucoup plus grande et qu'elle est moins bien fortifiée que Madrast; enfin, parce que nos rivaux ont à leur service une armée d'Indiens.

Sous ces deux rapports, le point d'appui que nous aurions à la Côte Coromandel, est comme nul, et l'Ile de France conserve toute son importance politique.

Nous passerons sous silence les corsaires qu'elle peut armer dans son port, et qui pourroient paroître en même temps et inopinément dans toutes les parties de l'Asie, et ruiner le commerce de nos rivaux. Cette considération politique n'échappera sans doute à personne.

Mais nous nous proposons ici de prouver qu'abstraction faite de la Côte Coromandel, du Bengale et de la Côte Malabarre, l'Ile de France, inséparable de l'Ile de Bourbon sa sœur aînée, a une importance politique.

Nous puiserons notre première preuve dans le mémoire de M. Louis Monneron lui-même.

Page

Page 7, ligne 24, « Une circonstance très-heureuse
« nous offroit tous les ports et toutes les ressources
« de la Cochinchine. Le Souverain du pays, obligé
« de fuir devant un usurpateur, avoit envoyé en
« France son fils unique, comme le gage des traités
« que l'Evêque d'Adran, à qui il avoit confié le sceau
« de l'empire, feroit avec nous ; il étoit question de
« quelques foibles secours, qui existoient aux Indes,
« en hommes et en vaisseaux. Jamais l'impéritie d'un
« Ministre n'a frappé d'une manière plus funeste sur
« les intérêts commerciaux d'une Nation. Au lieu
« d'adopter un projet dont la France auroit retiré
« de si grands avantages, etc... » L'auteur ajoute plus
bas. « L'Evêque d'Adran n'en est pas moins disposé à
« employer son crédit, ses talens et ses ressources
« pour nous-obtenir tous les avantages que nous
« pouvons désirer dans un pays, dont la population
« est immense, qui a des ports excellens, et qui offre
« la réunion abondante de toutes les productions de
« la Chine et des Indes. »

Nous adoptons ce paragraphe en entier. L'auteur
n'a rien dit de trop. Il auroit même pu ajouter que
la Cochinchine a des productions exclusives, propres
au commerce, sans parler de ses mines d'or, les plus
riches que l'on connoisse ; que ce Royaume avoisine
des pays fertiles, non fréquentés par les Européens ;
que le peuple qui l'habite est renommé dans cette
partie de l'Asie, par sa bravoure ; qu'il a conçu la
plus haute idée de la Nation Française ; enfin que la
situation de ses ports dans le voisinage de Canton,

B

nous auroit fourni les moyens d'inquiéter, de troubler ou même de ruiner le commerce immense des Anglais à la Chine.

Avant que l'établissement que nous aurions pu y former fût parvenu à un degré de solidité et de puissance propre à nous rassurer sur les entreprises de nos rivaux, l'Ile de France lui eût fourni les moyens de défense, après avoir contribué à sa formation. En effet, le Ministère fit une faute capitale, et même inconcevable, en ordonnant que la réunion de l'armement destiné pour la Cochinchine, s'opéreroit à Pondichéry, sous les yeux, pour ainsi dire, des Anglais ; au lieu qu'il étoit si simple et si naturel d'expédier cet armement de l'Ile de France, d'où la nouvelle n'auroit pu parvenir à Madrast que long-temps après le départ des vaisseaux destinés pour la Cochinchine. On auroit trouvé dans cette Ile, des volontaires, des cafres, des vaisseaux, des munitions pour cette importante expédition. Plusieurs négocians patriotes de cette colonie avoient offert à l'Evêque d'Adran toutes leurs ressources, pour l'aider dans l'exécution d'un projet qui seroit devenu si avantageux à la Nation. Pondichéry ne pouvoit pas offrir les mêmes ressources.

Il résulte de ces faits notoires, avérés et reconnus pour vrais par tous les Indiens, que l'Ile de France a en elle-même une importance politique tout-à-fait indépendante de Pondichéry.

Si la Nation se détermine par la suite à former un établissement, soit à Madagascar, soit à la Côte

Orientale d'Afrique, soit au Pégou, projets qui ont tous leurs vues d'utilité et leurs avantages, et qui ont été proposés plus d'une fois au Ministère par de bons patriotes, c'est encore l'Ile de France qui doit contribuer à leur établissement; c'est de son port que doivent partir les forces pour leur défense, et M. de la Luzerne a dit une grande vérité, en représentant l'Ile de France, comme *le réceptacle de nos flottes, et l'arsenal de nos armes.* Nous croyons devoir transcrire ici un passage d'un ouvrage imprimé en 1784, pour ajouter à l'idée qu'on doit se former de cette colonie, et pour en donner une véritable définition.

« M. de la Bourdonnais, ce grand homme dont
« l'histoire parlera toujours avec éloge......regardoit
« l'Ile de France comme la clef du commerce des
« Indes pour la Nation, comme le boulevard de nos
« établissemens en Asie, et comme un moyen de
« conquêtes. Il a fait plus; il a prouvé la justesse
« de ces dernières vues, en chassant l'escadre anglaise
« de la Côte Coromandel, en assiégeant et en prenant
« Madrast. Il vouloit que l'Ile de France devint l'en-
« trepôt du commerce des Indes pour la Nation, et
« le dépôt de nos forces de terre et de mer. AGRI-
« COLE, COMMERÇANTE et MILITAIRE, c'étoit l'idée qu'il
« s'en étoit faite; c'est aussi sa vraie définition. »

Nous devons faire remarquer que dans les diffé-
rens projets de nouveaux établissemens à former en Asie ou en Afrique, l'Ile de France conserve une importance politique indépendante de Pondichéry.

Nous pourrions ajouter que la situation de cette

Ile la rend propre, comme dit M. de la Luzerne, dans le mémoire cité par M. L. Monneron, *à servir de relâche aux bâtimens de notre commerce*, page 17, ligne 19, en temps de paix comme en temps de guerre, et que cette considération ne laisse pas que d'être politique.

Passons maintenant à ce que l'auteur appelle *sa seconde hypothèse*.

« L'Ile de France ne peut subsister que par les « approvisionnemens qu'elle reçoit de la France, du « Cap de Bonne-Espérance, de Madagascar et des Indes; « elle ne peut point suffire à ses propres besoins ; en « voici la preuve. » L'auteur cite une circonstance où les Administrateurs en chef de l'Ile de France le pressoient (lorsqu'il étoit Agent de la Nation au Cap de Bonne-Espérance, en 1781,) de leur expédier des vivres le plus promptement possible. « L'escadre de « M. Dorves, dit-il, étoit absente ; la garnison n'ex-« cédoit pas trois mille hommes. » Si cette manière de raisonner étoit juste, nous pourrions dire avec autant de fondement : *la France ne peut point suffire à ses propres besoins ; en voici la preuve.* En 1788, et même en 1789, elle a été obligée d'acheter des quantités considérables de bled chez l'étranger. *L'escadre de M. Dorves étoit absente !* mais pour la faire partir, on avoit vuidé les magasins ; mais on attendoit son retour dans quelques mois ; et la prévoyance des Administrateurs étoit très-sage. Trois mille hommes de garnison, dans une colonie dont la culture est peu avancée, et qui ne peut pas faire des grains nourriciers un objet d'exportation, ne laissent pas que d'occasionner une grande consommation de vivres, sur-tout lorsque cette colonie a un port de mer dans lequel sont concentrées toutes ses forces navales, et tous les bâtimens de commerce et de transport qui y abondent. D'ailleurs les ordres du Roi n'avoient pas encore autorisé, en 1781, les Administrateurs des Iles à donner au bled un prix convenable, et les Colons ne se livroient point alors à une culture qui ne leur donnoit aucun bénéfice, vu le bas prix auquel le bled étoit fixé par l'administration, d'après les ordres du Ministre; mais dès qu'elle fut la maîtresse de fixer un prix raisonnable, tel que les Colons l'avoient toujours sollicité, la colonie de Bourbon remit, dès 1782, dans les magasins du Roi, sept millions six cens trente-quatre mille six cens cinquante-neuf livres de bled, et huit millions huit cens quatre-vingt-neuf mille cinq cens douze livres d'autres grains; en tout, 16,524,171 livres de grains nourriciers. En 1783, la même colonie a remis dans les magasins du Roi, quatorze millions cinq cens quarante-huit mille huit cens cinquante-une livres de grains, dont huit millions cent-trente-six mille deux cens quarante-cinq livres de bled; sans compter la consommation de la colonie, de sa garnison, et de tous les vaisseaux en très-grand nombre, qui y ont abordé pendant ces deux années. Nous tirons ces détails de tableaux authentiques qui ont été insérés dans un ouvrage imprimé en 1784, à l'Ile de France, sous les yeux, pour ainsi dire, et avec l'approbation des Administrateurs de la colonie, qui ont *applaudi à l'exactitude des recherches de l'auteur sur les faits qui y sont cités, qui sont tous à leur connoissance et de la plus grande vérité*. (*lib. cit.*)

D'après cela, comment peut-on dire que ces colonies *ne peuvent pas suffire à leurs propres besoins ?*

En temps de paix, elles tirent un peu de riz de Madagascar. Le commerce leur en apporte du Bengale; mais ce grain est plutôt alors un objet de luxe, si nous pouvons nous exprimer ainsi, qu'un objet de besoin ; mais alors elles ne tirent aucun grain du Cap de Bonne-Espérance ; elles leur en ont même fourni en 1786, dans une année de disette, plusieurs cargaisons; mais dans aucun temps, du moins cela n'est pas venu à notre connoissance , l'administration des Iles n'a tiré des approvisionnemens de vivres de Pondichéry. Il est bien vrai, que pendant la guerre, lorsque les escadres, les vaisseaux de transport, les bâtimens de commerce, des troupes étrangères abondent à l'Ile de France, et lui apportent, souvent sans avis préliminaire, une grande surabondance de consommateurs, on est obligé , pour fournir à leur subsistance, de tirer des vivres du dehors; mais nous pensons qu'une administration sage et prévoyante pourra trouver des ressources dans les récoltes de l'Ile de Bourbon, dont la culture est plus avancée que celle de l'Ile de France, et même dans cette dernière colonie qui prend tous les jours de l'accroissement, et qui parviendra un jour à mettre l'administration en état de se passer des secours étrangers.

Nous le répétons ; ce n'est pas pour *suffire à ses pro-pres besoins*, qu'on a fait des approvisionnemens au dehors pendant la guerre ; mais pour subvenir à la subsistance des escadres et des troupes qu'on y a fait passer.

M. L. Monneron a publié, le 18 de ce mois, un mémoire dans lequel il a inséré une lettre dont il a fait la lecture le 30 octobre dernier, dans une assemblée de quelques habitans des deux îles. Comme cette lettre contient de nouvelles assertions propres à donner à l'Assemblée Nationale des idées désavan-tageuses de l'Île de France, nous nous proposons de les combattre.

L'auteur revient à sa première erreur, de n'envi-sager l'Île de France, si on abandonne l'Inde, que comme une colonie agricole. Nous croyons avoir prouvé ci-devant l'importance de cette colonie dans ses rapports militaires, commerciaux et politiques ; ainsi nous ne nous y arrêterons pas davantage ; mais nous allons suivre l'auteur dans des assertions nou-velles, aussi erronées que les premières, et qui ont droit de nous surprendre de la part d'un homme de mérite.

« Arrêtons-nous, dit-il, un instant sur ces colonies; « elles ont coûté depuis 1767, époque de la rétroces-« sion, au-delà de trois cens millions. » Nous igno-rons si ces calculs sont justes ; nous consentons à les admettre, et nous répondrons que cette dépense immense a été plutôt faite pour l'Inde, que pour l'Île de France. Cette discussion a été présentée avec

les plus grands détails dans le même mémoire imprimé en 1784, à l'Ile de France, que nous avons
déja cité, et dont M. le Député de Pondichéry n'a
vraisemblablement pas eu connoissance. Il sait aussi
bien que nous, que si le Gouvernement a entretenu,
pendant la paix, des troupes à l'Ile de France, s'il y a
construit beaucoup d'édifices, s'il y a envoyé des
escadres et des troupes nombreuses, en temps de
guerre, toutes ces dépenses étoient relatives à l'objet
militaire, et par conséquent à l'Inde, et non à l'Ile
de France. *Les dépenses que l'état fait dans le port de
Brest, dit le mémoire cité, n'appartiennent pas plus à
Brest, que celles faites à l'Ile de France, par l'état,
n'appartiennent à cette colonie. Ce n'est pas pour Brest,
ce n'est pas pour l'Ile de France que le Roi y fait des
dépenses considérables.* Le même auteur ajoute, page
87 : *L'Administration intérieure des Iles de France et de
Bourbon, c'est-à-dire ce qui a rapport uniquement à la
justice et à la police, ne peut pas occasionner des frais
considérables : ce sont cependant les seuls qu'on doive
imputer à ces deux colonies.*

Nous croyons devoir transcrire ici un paragraphe
entier du même mémoire, page 89. « Au reste, les dépen-
« ses des Iles de France et de Bourbon ne sont pas *au*
« *détriment des finances du Royaume,* (comme l'avoit
« avancé un auteur peu instruit,) parce qu'elles ren-
« trent toutes avec profit dans le Royaume. Si le Roi
« fait une exportation de numéraire pour l'Ile de
« France, il est employé par les négocians, entre les
« mains de qui il entre, à l'achat des denrées des
Indes

« Indes qui retournent en France. Si les dépenses
« de la Colonie se font en lettres de change sur
« France, ou en papier-monnoie qui se convertit en
« lettres de change sur France, le numéraire ne
« sort pas du royaume ; ainsi ces dépenses ne sont
« pas *au détriment des Finances du Royaume.* Les états
« commerçans de l'Europe, sont ceux dont les dé-
« penses extérieures sont les plus considérables ; ce
« sont aussi ceux qui ont le plus de numéraire ; ils
« sement pour recueillir davantage. » Nous croyons
avoir détruit, par ces raisonnemens qui nous paroissent sans réplique, l'objection de M. L. Monneron.

« On ne peut pas se cacher, dit-il ensuite, l'état
« déplorable dans lequel sont le port de l'Ile de
« France, encombré de carcasses de vaisseaux, ses
« batteries, ses magasins ; enfin tout ce qui doit cons-
« tituer un état respectable de défense. »

Nous sommes forcés de désavouer cet exposé comme
inexact. *Les batteries* et *les magasins* de l'Ile de France
sont en très-bon état ; et nous devons ajouter que
l'on doit compter sur le patriotisme et sur la bravoure de ses habitans, et de ceux de l'Ile de Bourbon,
pour la défense de leurs foyers. Si le port a des
carcasses de vaisseaux, il n'en est pas moins en état
de recevoir une escadre considérable, et il ne seroit
pas impossible d'enlever ces carcasses, de nettoyer
le port, d'achever celui du Trou-Fanfaron, qui est un
port de sureté, et dans lequel on peut déjà mettre
six vaisseaux de guerre à l'abri des tempêtes. Nous
ne doutons pas que nos Députés, que nous attendons

incessamment , n'aient mission de faire des représentations à l'Assemblée Nationale , pour la supplier
de décréter les dépenses qui seront nécessaires à l'en-
tretien et à la sûreté du port de l'Ile de France, le
seul que la Nation possède dans les mers orientales.

» Le Gouvernement, ajoute le Député , se conso-
» leroit de la monstruosité de ces dépenses, si ces
» Iles avoient quelqu'importance relative à leur expor-
» tation; mais on ne peut pas voir sans un étonne-
» ment mêlé d'amertume, ses productions d'exporta-
» tion bornées à quatre millions cinq cens mille livres,
» de café. »

Nous répondrons avec étonnement, mais sans amertume, parce que nous estimons M. le Député de
Pondichéry, que cette déclamation porte sur l'erreur
que nous venons de dévoiler ; celle par laquelle il
attribue à l'Ile de France, la dépense de trois cents
millions, faite presqu'en totalité pour l'objet politique , c'est-à-dire , pour l'Inde et non pour l'Ile de
France. Il seroit en effet monstrueux, et nous osons
dire impossible , que les deux Iles eussent coûté à
l'état trois cents millions pendant vingt-trois ans, en
ne considérant qu'elles - mêmes dans cette dépense ;
car nous pouvons assurer que leurs dépenses particulières ne se monteroient pas annuellement à plus
de 5 ou 600,000 francs, si l'on n'y entretenoit que
le nombre des troupes nécessaires au maintien de la
police , et si l'on renonçoit absolument à tout objet
politique.

Mais quelle est notre surprise, d'entendre un homme

de mérite, comparer les exportations des productions de deux petites Iles situées à quatre mille lieues de la métropole, et qui ne font pour ainsi dire que de naître, avec la plus florissante et la plus peuplée de toutes les colonies européennes.....

M. le Député engage ensuite les habitans des Iles de France et de Bourbon à se joindre à lui pour solliciter le rétablissement de Pondichéry. Ce langage nous surprend encore de sa part. Il n'ignore pas que ce sont des habitans de ces Iles qui ont engagé les négocians de l'Orient à se joindre à eux pour plaider la cause de Pondichéry, et qu'ils ont envoyé conjointement une Adresse à l'Assemblée Nationale, en date de l'Orient, du 18 septembre 1789. Il n'ignore pas non plus que des habitans des deux Iles, réunis à Paris, ont rappelé cette pétition dans plusieurs adresses à l'Assemblée Nationale. Ils ont même sollicité quelques membres des Députés Extraordinaires du commerce, dont le patriotisme et les lumiéres sont connus, à engager leurs confrères à plaider la cause de cette ville infortunée, si malheureusement et si impolitiquement délaissée ; cause qui sembloit être celle de tous les bons patriotes et de toutes les âmes sensibles, et ils ont fourni à ces Messieurs toutes les notes qu'ils ont désirées. C'est encore un habitant de l'Ile de France qui a réfuté l'ouvrage pitoyable intitulé DE L'INDE, et ce sont les habitans des deux Iles qui ont fait tout ce qui étoit en leur pouvoir, pour donner plus de poids à cette critique par leur assentiment. C'est encore un habitant de l'Ile de France qui, muni d'une procuration des habitans de cette colonie, pour demander la liberté du commerce des Indes Orientales, a joint à un mémoire qu'il a fait imprimer le 30 mars 1790, en réponse au dernier mémoire de la Compagnie des Indes, et qu'il a distribué à l'Assemblée Nationale, des réflexions abrégées sur le commerce des Indes Orientales, en date du premier avril dernier. Il a prouvé succinctement, au nom de ses commettans, qui pensent tous comme lui, que ce commerce étoit avantageux à la France. Elles sont terminées par ce paragraphe : » Enfin, le commerce des Indes a » d'autres rapports politiques. Il influe sur l'impor- » tance et sur l'existence des îles de France et de » Bourbon, et sur la prospérité de nos rivaux. Ce » point de vue, ajoute l'auteur, mériteroit d'être ap- » profondi ; mais le temps me manque pour entre- » prendre cette tâche. »

Toutes ces démarches ont été inspirées par des sentimens plus nobles que les motifs que leur présente M. le Député. Le patriotisme, l'humanité, la justice, l'honneur, voilà les vrais motifs des colons des deux Iles : nous les adoptons itérativement à l'unanimité.

Pour prouver notre désir sincère de contribuer au rétablissement de Pondichéry, nous ajouterons que M. le Député de l'Inde n'a présenté le commerce de la Nation aux Indes Orientales, que comme un objet de trente millions annuellement, tandis que MM. les Députés Extraordinaires ont avancé, dans leurs mémoires, que ce commerce alloit à soixante millions par an, vu l'introduction en fraude des marchandises des Indes dans le Royaume. Il nous semble qu'on ne peut guère contester les calculs des négocians de nos villes maritimes, par les mains desquels ce commerce se fait entièrement, et qu'une *masse* de soixante millions annuels est plus imposante, plus frappante, plus décisive que celle de trente millions.

» Je puis vous assurer, dit M. le Député, qu'il est
» dans le cœur et dans les vues des Anglois, si le sort
» les favorise dans leurs tentatives sur les Iles, de
» renvoyer en Europe tous les Européens, et de rendre
» à la Côte d'Afrique et à Madagascar, les noirs qu'on
» en a tirés pour la culture. »

Il y a long-temps que nous avons entendu ces menaces ridicules, et nous n'avons pas la pusillanimité d'en être effrayés. Nous ne croyons pas que M. le Député soit plus initié que les autres, dans les secrets de la Cour de Londres. Nous regardons les Anglois comme une Nation humaine, noble et généreuse, dont nous saurions mériter l'estime par une vigoureuse défense, et nous ne pensons pas qu'elle fît de gaieté de cœur, pour le plaisir ignoble, indigne d'elle, de faire du mal, des dépenses immenses ; car sans parler des Européens, dont le nombre pourroit aller en totalité, suivant les circonstances et suivant l'époque de la conquête, à quinze ou vingt mille âmes, ou même plus, le transport de cent mille esclaves environ, n'est pas une petite affaire.

Nous supplions M. Louis Monneron, à qui nous avons rendu justice et à qui nous la rendrons dans toutes les occasions, d'avoir les mêmes égards pour nous, et d'être persuadé qne nous faisons, ainsi que lui, profession de franchise, de loyauté, de patriotisme ; que tous les faits que nous avons exposés dans notre réponse, sont vrais, et que nous ne serons jamais tentés, *dans toutes les explications que nous pourrons donner*, d'induire sciemment en erreur l'Assemblée Nationale, pour laquelle nous avons autant de respect que d'admiration.

Nous supplions aussi les Augustes Représentans de la Nation, de ne prendre aucun parti sur les Iles de France et de Bourbon, que leurs Députés ne soient arrivés. Ils seront plus en état que nous, d'instruire l'Assemblée Nationale de la situation actuelle de ces colonies ; ils seront munis de leurs instructions ; ils feront connoître leurs vœux, et soumettront leurs représentations respectueuses à sa sagesse et à ses décrets.

A Paris, le 2 décembre 1790.

Signé, VERDIERE, président ; BOURLIER DE SAINT-MARTIN, secrétaire ; HULOT, MARIGNY, JACOB, J. J. BOREL, LA ROCHETTE, LE BLANC, DE BONNEUIL, PARAD, FORTIN, MARNEVILLE, LUCAS, SENTUARY, BROUTIN, D'ETCHÉVERRY, MUNIER, DU MOLARD, COSSIGNY, MARGEOT, MENU, DROMANNE, DE LAUMUR, DEFORGES-PARNY.